Marion Gitzel · Ich bin. Wer noch?

Marion Gitzel

Ich bin. Wer noch?

Sprüche zum Mitmachen für (fast) jeden Tag

FOUQUÉ PUBLISHERS NEW YORK

Library of Congress Cataloging-in-Publication Data
Gitzel, Marion
[Ich bin. Wer noch? / Marion Gitzel]
1st American ed.

ISBN 978-0-578-09463-2

Dem lieben Gott,

meinem lieben Mann

und meinen lieben Eltern

Ich bin. Wer noch?

Sprüche zum Mitmachen für (fast) jeden Tag

- Enttäusche niemals das Vertrauen eines Freundes, er könnte der letzte sein.
- Ich wollte mich ändern. Ein anderer kam mir zuvor. Das hat er davon.
- Von hinten sehen wir manchmal so aus, wie wir von vorn gern aussehen würden.
- Wenn Weite weit sein kann, kann Weite weitend sein.
- Ich liebe Musik, deshalb schreibe ich Gedichte.
- Erlebte Botschaft: „Im Himmel gibt es keine Zeit!"
- Such das Neue, und du wirst Altes finden. Erschreck dich nicht!
- Was göttlich sich fügt, ist für die Ewigkeit bestimmt.

– Feiern sind Gaben, die der liebe Gott verstreut hat, um uns
  glücklich zu machen.
– Geh und se(ä)(h)!
– Jede Hälfte ist Teil eines Ganzen.
– Jeden Tag ein neuer Spruch, und der Tag ist gerettet.
– Sieh dich noch mal um, vielleicht hast du was Wichtiges
  übersehen.
– Auch im Himmel wird gelebt.
– Wenn du Neues suchst, fang in dir an.
– Jeder Mensch ist zu großen Taten fähig, wenn er mit den
  kleinen anfängt.

- Wenn ein Gedicht (ein Ge)dicht ist, dann ist es gut.
- Das Glück liegt vor uns. Man muss es nur aufheben.
- Die Radieschen von unten sehen können – was für eine
  Vorstellung!
- Gott schenkt Gaben. Zu Leidenschaften müssen wir sie
  selbst gestalten.
- Wenn du nicht weiter weißt, manchmal hilft ein Likör.
  Aber nicht immer.
- Miezen haben es gut. Sie schnurren, und die Welt ist in
  Ordnung.
- Wenn es neben dir schnarcht, verzage nicht. Das geht
  vorbei.
- Sei dein Freund, er ist der beste, den du hast.

– Wenn du Dichter bist, nimm dir Zeit.
– Eile ist kein geistiges Gut.
– Sei Kind, und du bleibst kreativ.
– Dein Bauch weiß mehr als du ahnst.
– Bist du sehend, suchst du Ruhe. Nimm sie dir.
– Ohne dich geht gar nichts.
– Wenn man mit den Zähnen klappert, hat man nicht immer
  Fieber.
– Aphorismen sind Wunderwerke der Dichtkunst.

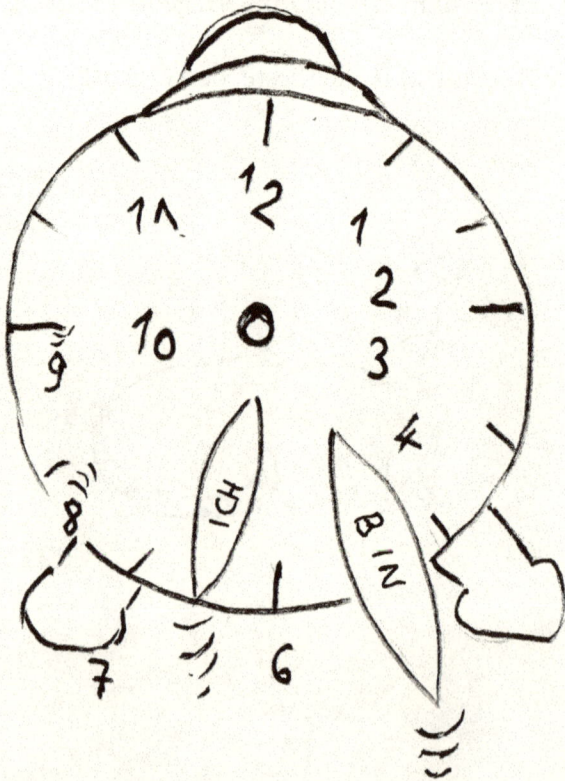

- Kleine Kostbarkeiten der Welt heißen Miniaturen, kleine Kostbarkeiten der Dichter Aphorismen.
- Dichte dich durch die Nacht. Denn der Tag ist für was anderes da. Manchmal.
- Wohin du auch schaust, du bist immer dabei.
- Auch Helden sind Menschen. Das vergisst man leicht.
- Manchmal hat das Spiel noch gar nicht angefangen, und du weißt schon, wie es endet.
- Tu's mit Begeisterung, und es wird gelingen.
- Wahre Lehrmeister vergisst man sein Leben lang nicht.
- Komm, ich zeige dir was.

– Sei Retter der Welt – liebe!

– Um den Anfang liegt der Zauber, um das Ende (manchmal) die Weisheit.

– Geht es dir gut, leuchte auch für andre. Geht es dir nicht so gut, leuchte für dich.

– Gutes kommt vom Himmel, Schlechtes aus der Hölle.

– Himmel und Hölle – beide fangen mit H an.

– Früh um 4 klare Worte, kaum zu glauben.

– Andere schlafen und du? Du dichtest.

– Goethe wäre stolz auf dich. Du kannst es auch sein.

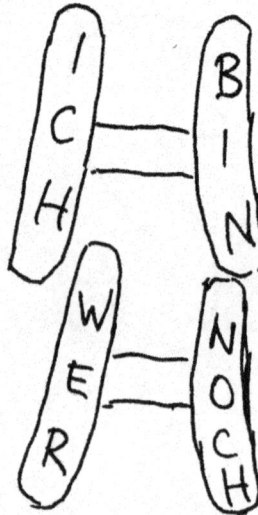

- Wir Menschen sind nicht einfach. Deshalb schuf uns Gott.
- Halte ihn nicht fest, den Tag. Er wird sich wehren.
- Gutes kommt von innen. Schlechtes von außen. Oder umgekehrt?
- Auch Genies machen Fehler. Gott verzeiht jedem.
- Eine segensreiche Erfindung ist das Bett.
- Wenn man mit den Zähnen klappert, hat man nicht immer Fieber.
- Das Gute ist vom Vater, das Schlechte von der Mutter. Das war schon immer so.
- Der Ruf nach Gleichberechtigung hat schon immer die Menschen aufgeregt.

? ? ?

SCHLECHTES

Gutes

– Ich schreibe, wenn ich sehe, und ich sehe, wenn ich höre.
– Dichter sind komplizierte Menschen.
– In jedem Sinnspruch steckt ein langer Roman.
– Gutes tut sich nicht von allein, Schlechtes auch nicht.
– Ohne Grund ist niemand auf der Welt.
– Schwätzer sollten Aphorismen schreiben. Das trainiert.
– Lass Fische, wo sie am liebsten sind, im Wasser.
– Mancher ist am Ende seines Lebens immer noch am
   Anfang. Aber es kommt auch immer auf die Sichtweise an.

– Menschen sollten teilen, nicht nur das Bett.
– Kinder spielen gern, Erwachsene auch.
– Lange Nasen sind noch kein Beweis für gutes Riechen.
– Wenn du einen Menschen für dich entdecken willst, widme
   dich ihm ganz.
– Jede Hürde ist eine Spur Gottes.
– Dichter sind Menschen, andere auch.
– Nicht jeder, der dichtet, arbeitet mit Buchstaben.
– Der Maler malt. Der Müller mahlt. Die Kuh mahlt auch.
   Alle ma(h)len. Außer mir:
   Ich dichte.

ICH BIN

- Optimisten finden es auf Erden schön. Pessimisten freuen sich nicht mal auf den Himmel.
- Pessimisten sind Menschen, die im stabilen Wetterhoch schon den Taifun erkennen können.
- Optimisten sind fröhliche Pessimisten.
- Optimisten schreiten zur Tat, Pessimisten zur Ausrede.
- Der Optimist folgt der Spur, die der Pessimist gelegt hat.
- Der Pessimist lässt sich bedauern, der Optimist bewundern.
- Optimistisch zu sein, hat noch nie geschadet.
- Ich glaube, dass der Pessimist ein Mensch ist, der sich selbst nicht leiden kann.

- Manchmal glaube ich, dass alle Pessimisten die deutsche Staatsangehörigkeit besitzen.
- Wenn ich gut drauf bin, macht mir der Pessimismus anderer Menschen nichts aus, aber nur dann.
- Optimisten filtern ihre Welt mit großporigen Filtertüten.
- Der Optimist wird immer größere Fische fangen als der Pessimist. Sein Anglerlatein ist einfach besser.
- Ein Optimist hat immer Hunger, ein Pessimist nur, wenn er Hunger hat.
- Pessimisten haben gute Gründe, es zu sein. Optimisten brauchen solche nicht.
- Pessimisten warten auf das Echo, Optimisten machen es selbst.
- Ich glaube, dass der schwarze Humor dem Pessimismus entspringt.

- Der Optimist lebt mit der Völlerei, der Pessimist mit dem Hunger.
- Der Pessimist sieht Schatten, wo gar keine sind.
- Wenn Gott die Pessimisten nicht lieben würde, hätte er sie nicht geschaffen.
- Optimisten singen Trinklieder, Pessimisten Klagelieder.
- Wir glauben, auch wenn wir glauben, nicht zu glauben.
- Der Optimist ist ein Schwerenöter, der Pessimist ein Hungersnöter.
- Schwerenöter sind manchmal in schwerer Not.
- Der Pessimist ist ein ewiger Zweifler. Scheint die Sonne, bezweifelt er, dass der Wetterbericht stimmt. Scheint sie nicht, zweifelt er, ob es überhaupt eine Sonne gibt.

Ich bin Optimist
Pessi

– Wo Unkraut wächst, ist Gottes Werk vollendet.
– Nur im Chaos findet die Ordnung kreativen Raum.
– Gott schreibt uns manches hinter die Ohren, aber nichts
  vor.
– Idealismus ist eine Sinnestäuschung.
– Gott sieht das, was er meint, sehen zu sollen.
– 1 Dichter ist 1 Mensch, 2 Dichter sind 2 Menschen,
  3 Dichter sind Individualisten.
– „Ist doch egal, wer die Brekkies frisst", sprach die Amsel,
  schluckte sie genüsslich hinunter und machte „miau".
– Rente kriegen will jeder, aber alt werden will keiner.

– Aphorismen sind das Salz in der Suppe der Dichtkunst.
– Stell Dir große Ziele, kleiner werden sie von allein.
– Eine, meine, deine Meinung sind mindestens drei.
– Des Lebens Kraft steckt im Apfelsaft.
– Die Liebesmacht ist eine Macht, die macht.
– Lebe, liebe, labe Dich.
– Ich war schon oft am Meer, am Meer der Traurigkeit,
  am Meer der Einsamkeit, am Meer der … Die Wellen
  umspülten mich. Das Strandgut trage ich fort.
– Aphorismen sind Pfade der Erleuchtung.

– Auch Brillen, auf die man sich setzen kann, können
  Erleuchtung bringen.
– Gut ist, was nachts entsteht und am Tage Vollendung
  findet.
– Psychologen würden wohl gern auch mit dem Skalpell
  arbeiten.
– Liebe ist eine von Sehnsucht getragene Himmelsmacht.
– Die Nacht hält Klärungen bereit.
– Schlafen ist nur ein Weg, die Dunkelheit anzunehmen.
– „Es geht nicht ohne Kampf", sprach die Schnecke und
  bewegte sich in dem ihr gemäßen Tempo fort.
– Mut ist Eifer, der Angst die Stirn zu bieten.

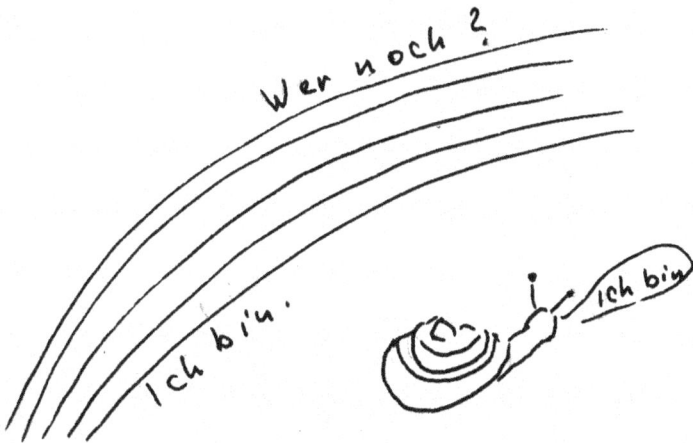

– Folge der Seele, sie kennt den Weg.
– Widme Dich Dingen, die Du nicht magst, mit Liebe.
– Die Seele trägt die Sehnsucht im Herzen. Sehnsucht ohne
  Seele gibt es nicht.
– Gut fährt, was gut nährt.
– Sprüche sind das Kleingeld im Portemonnaie.
– Dankbarkeit ist der Seele Anfang.
– Die Seele wird Dich immer wieder nähren, auch wenn Du
  ihr nicht folgst.
– Der Bauch ist viel mehr als ein Maß für den BMI.

- Schon Goethe hat aus innerer Bedrängnis geschrieben.
- Erfolgreich sein zu wollen, ist kein solides Motiv zum Dichten.
- Manche Nachtstunden sind auch ohne Schlaf einfach schön.
- Ein paar Aphorismen schreiben, und schon geht´s mir wieder gut.
- Sehnsucht ist sehnende Sucht, die sucht.
- Das Glück verlässt uns nicht. Es macht nur manchmal eine Pause.
- Wenn ein Mann die Tür knallt, will er nach draußen. Wenn eine Frau die Tür knallt, will sie sprechen.
- Vergiss nicht auf dem Gipfel, dass Du aus dem Tal gekommen bist.

– Mit einem selbst gezimmerten Aphorismus auf den Lippen,
  würde ich gern der Welt Ade sagen, falls mir bis dahin
  nicht noch was anderes einfallen sollte.
– Kurz, kürzer, Aphorismus.
– Einen Aphorismus sollte man wie ein altes Brötchen kauen,
  nur mit mehr Genuss.
– Has(s)t du Kummer, has(s)t du mich. Has(s)t du keinen,
  has(s)t du dich.
– Dichten ist ein grenzwertiges Hobby.
– Die „Jungfrau" sieht auch im Großen das Detail.
– Gute Geister kommen des Nachts.
– Wermut und Dichten sind für mich keine Gegensätze.

- Im Dunkeln sieht man nicht so gut. Dafür hört man umso besser.
- Wer in die Nacht verliebt ist, dichtet.
- Der Tod hinterlässt Spuren, jede ist anders.
- Nach dem Mond kommt die Sonne. Keiner ist allein.
- Fehler machen nicht nur andere.
- Sei gut zu Fehlern, sie bringen dich voran.
- Es gibt kein Falsch oder Richtig. Es gibt nur ein Anders.
- Ich sagte „ja, ich nehme die Herausforderung an", als ich „ja" zur Ehe sagte.

Falsch
Richtig = ANDERS
ANDERS
ANDERS
ANDERS

– Nichts ist interessanter als 2 sehr unterschiedliche Menschen.
– Worte sind Suppe, Taten Fleisch.
– Sage nicht alles, was du denkst, aber (be)denke alles, was du sagst.
– Es ist besser, wenn jemand zu dir hinüber- als von dir wegschaut.
– Gutes ist gut. Böses ist anders.
– Länge und Größe sind nicht dasselbe.
– Wenn du arm bist, brauchst du den Reichtum nicht loszulassen.
– Briefe sind Worte in Linienform.

– Gute Worte heilen alte Wunden.
– Gib und nimm. Nimm und gib.
– Gute Laune folgt der schlechten. Alles geht vorbei.
– Kaum gingen wir aufrecht, wurden wir arrogant.
– Manche sind besser als ihr Ruf.
– Details sieht nicht jeder. Braucht er auch nicht.
– Auch Genies haben Sehnsüchte.
– Nächtens zu dichten, ist auch ganz schön. Man ist so
   herrlich mit sich allein.

– Kein Autolärm, nur Schnarchgeräusche. Was muss das
  Leben früher beschaulich gewesen sein.
– Zu spät ist es nie, eher zu früh.
– Gott schuf die Augen, um zu fühlen und die Ohren, um zu
  sehen.
– Ein Glück, dass man die Augen schließen darf, wann man
  will.
– Schlotternde Knie sind keine Frage des Alters.
– Die schnelllebige Zeit lechzt nach Aphorismen. Trotzdem
  werden hauptsächlich Romane gelesen. Eigentlich schade.
– Auf den ersten Blick haben Aphorismen und
  Energieeinsparung scheinbar nichts miteinander zu tun.
  Aber auf den zweiten Blick, spätestens auf den zweiten.
– Man kann mit vielen Worten wenig sagen und mit wenig
  viel.

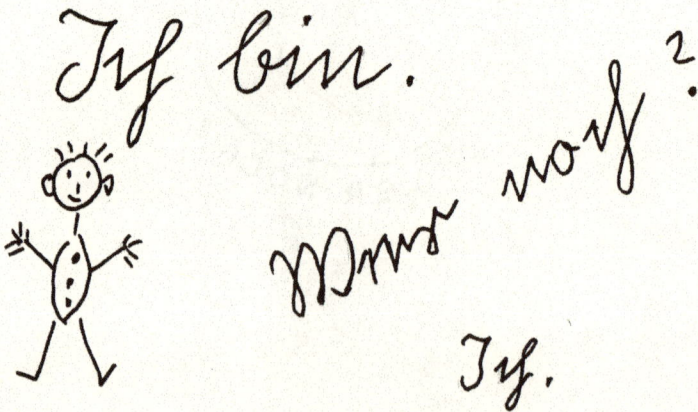

Ich bin. Wer noch?

Ich.

- Gutes schenkt, wer Stilles lenkt.
- Gottes Geist gibt Gottes Glück.
- Freiheit ist ein Gut, das erobert werden will.
- Wer Blödsinn blöd findet und Starrsinn starr, findet sicher
  auch Schwachsinn schwach, Stumpfsinn stumpf und
  Hintersinn hinter.
- Raucher erobern sich gegenseitig mit der Flamme ihres
  Feuerzeugs.
- Manchmal geht es mir, wenn ich leide, richtig gut.
- Ein Blinder ist nicht blind, er sieht nur anders.
- Wenn Gold gülden ist, dann ist es golden.

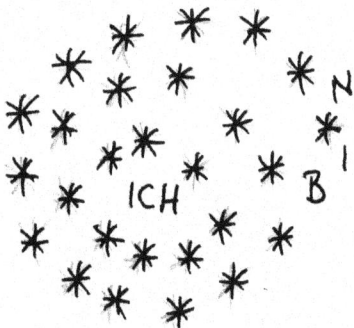

- Eine Tür, die immer geschlossen ist, hat ihr Dasein verfehlt.
- Wir kriegen nicht das, was wir gerne hätten, sondern das, was wir brauchen.
- Wenn die Meisterschaft Meister schafft, dann ist sie meisterhaft.
- Am Morgen sich zeigen, am Abend sich neigen.
- Wenn du ein Teil nicht nutzt, dann nutzt's nichts, wenn du's putzt.
- Glück ist Pech plus Optimismus.
- Die Zukunft der Zukunft liegt in der Zukunft.
- Was das Heute noch hat, hat's Morgen bald satt.

- Messer und Gabel sind noch kein Besteck.
- Was gestern war und heute ist, ist morgen für übermorgen.
- Qualität hat ihren Preis, Quantität auch.
- Ruhe ist ein göttliches Gut, Hektik ein Produkt aus
  Menschenhand.
- Zeit ist ein rein irdisches Gut.
- Logik ist weder poetisch noch lyrisch, eher tragisch.
- Logik kommt nicht aus dem Bauch.
- Bei Aphorismen kommen Schnellleser, aber nicht
  Schnelldeuter auf ihre Kosten.

- Roman, Kurzgeschichte, Gedicht, Aphorismus – kürzer geht's sprachlich nicht.
- Aphorismen sind das Gold der Literatur.
- Mut ist es, im Kampf mit der Wahrheit Erkenntnis zu suchen.
- Wahrheit ist ein äußerst individuelles Gut.
- Laster sind wie Laster – schwer beladen.
- Zuverlässigkeit ist eine wunderbare, aber auch anstrengende Tugend.
- Jeder redselige Mensch verrät etwas, was er lieber für sich behalten würde.
- Vom Kinderkriegen bis zum Stuhlgang – alles spielt sich im Bauch ab.

– Das alte Jahr ist nun verrauscht und in ein neues
  eingetauscht.
– Altes ist nicht, es war.
– Wer Neues nicht wagt, am Alten verzagt.
– Immer ist ein Blick zurück auch einer nach vorn.
– Ruhe aus, und du wirst dich finden.
– Mutig ist, wer mutig schwitzt.
– Wer singt, spricht mit seinem Gefühl.
– Im Gefühl zeigt sich der Mensch nackt.

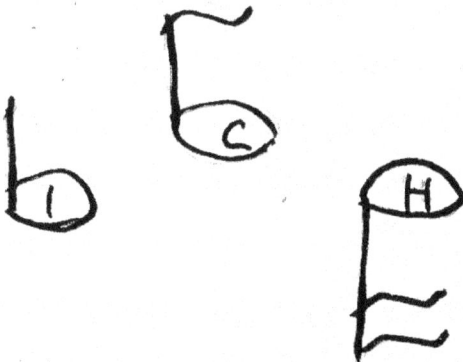

- Singen ist Kraft zum Sprechen.
- Einem Mann sieht man leichter an, was er denkt als einer
  Frau.
- Frauen wechseln Themen wie ihre Unterwäsche, Männer
  auch.
- Männer essen lieber, als dass sie sprechen. Bei Frauen ist
  das umgekehrt.
- Je weiter wir der Steinzeit entrückt sind, umso mehr
  Unterschiede tun sich zwischen Mann und Frau auf.
- Mann und Frau waren noch nie so verschieden wie heute.
- Wenn ein Mann sagt, was seine Frau denkt, ist er
  gleichberechtigt.
- Gutes schützt, weil Gutes nützt.

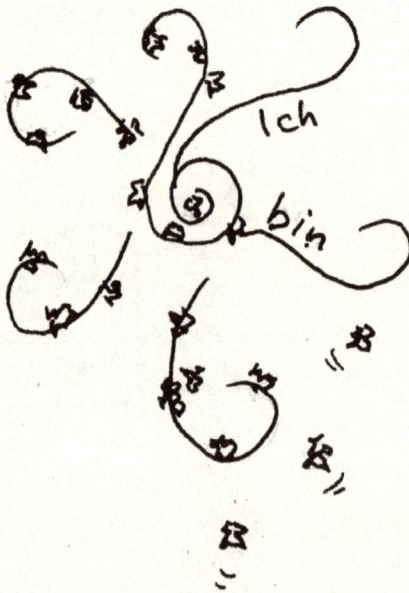

- Bedenke: Gespräche sind auch Geschenke.
- Wer will und will und doch nicht kann, der ist im Grund
  ein armer Mann.
- Jeder sieht die Welt so, wie sie wäre, wenn sie sein (sein)
  könnte.
- Gottes Gnade, Gottes Pfade.
- Psychologen gesunden an ihren Klienten.
- Jeder hat so seine Sicht. Nur ich – ich sehe nicht(s).
- Es wird sein, was sein soll.
- Ich glaube, spricht der, der glaubt oder wünscht oder hofft,
  dass er glaubt, damit er glauben kann.

- Verschiedene können verschieden sein.
- Verschieden zu sein, ist nicht dasselbe, wie verschieden zu sein.
- Dichter sind dichter.
- Lass dich nicht beirren, irre lieber selbst.
- Grübeln ist eine Art des Nachdenkens.
- Hoffnung kommt aus dem Hoffen.
- Gutes nähren heißt Gutes mehren.

– Träume halten jung. Aber nur den, der träumt.
– Leben ist Philosophie, Philosophie ist Geist, Geist ist Gott.
– Aufrechter Gang braucht Mut.
– Ohnmacht ist ohne Macht.
– Manches Glück kommt spät zurück.
– Folge dem Erfolge.
– Greif nach den Sternen, aber versuch sie nicht zu
  begreifen.
– Wer verrückt ist, muss nicht verrückt sein.

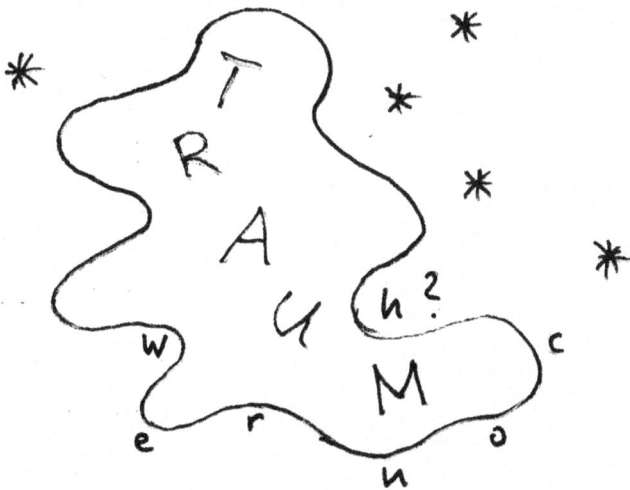

- Wer nie Fehler macht, weiß wahrscheinlich gar nicht, dass es sie gibt.
- Gott schenkt uns das, was er am meisten hat: Güte.
- Wer Gutes für gut und Schlechtes für schlecht hält, weiß zumindest zu differenzieren.
- Das, wonach du dich freiwillig bückst, ist den krumm gemachten Rücken wert.
- Fehler macht nur der, der auch dazu steht.
- Worauf man sitzt, auch manchmal schwitzt.
- Jedes Kind ist Gott.
- Tu Gutes froh Mutes.

- Wenn die Tür offen ist, dann ist sie nicht zu.
- Wenn eine Tür offen bleiben soll, sollte man sie auch nicht zwanghaft zu schließen versuchen.
- Wer noch eigene Zähne hat, sollte mit dem In-den-Hintern-Beißen noch warten.
- Ein Mensch ohne Fehler ist wie ein Baum ohne Wurzeln.
- Steh zu Fehlern, sie bringen dich voran.
- Der Blinde ist nicht blind, er sieht nur anders.
- Glückstränen machen Augen zu Diamanten.
- Umwege sind Aha-Erlebnisse.

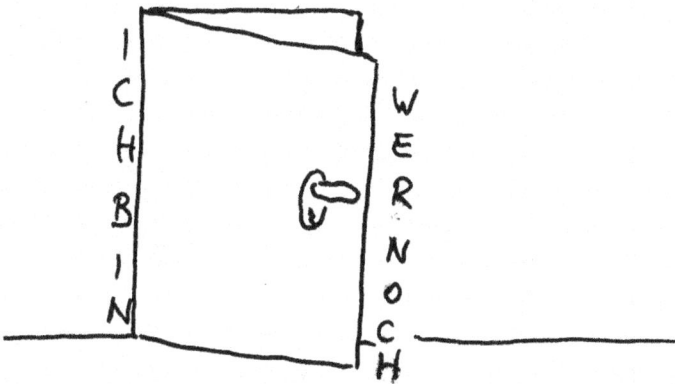

– Ein Freund ist ein Mensch, den man nicht erst fragen muss,
ob er seine Ruhe haben will.
– Ein Dichter ist dicht. Deshalb heißt er so.
– Wenn das Rindvieh der Vater vom Kalb ist, dann ist das bei
den Menschen so ähnlich.
– Was Abschiednehmen heißt, weiß am besten der, der ihn
gerade nimmt.
– Große Abschiede sind traurig, kleine auch.
– Einen neuen Anfang ohne Abschiednehmen gibt es nicht.
– Gedichte klingen. Sie sind Melodie.
– Wer liebt, bremst nicht.

– Gott hat mich noch nie enttäuscht, wohl eher ich ihn.
– Sucher sind Finder, und Finder sind Sucher. Ein Leben
  lang.
– Lyrik braucht Klang. Vielleicht ist's das, was mich an ihr
  fasziniert.
– Wenn die Welt sich verändert, mache ich mit.
– Wenn Gott nicht mehr mit uns sprechen würde, ich
  könnt's verstehen.
– Der Geduldsfaden vom Herrgott muss ziemlich lang sein.
– Wechselst du die Farbe, dann wechselst du dich.
– Gedichte ließen sich auch verfilmen.

– Wenn alles nichts nützt, nützt alles nichts.
– Lyrik ist wie ein Kreuzworträtsel mit vielen Buchstaben.
– Es reicht eher, sich zu genügen, als genügend reich zu sein.
– Einschaltquoten gab es früher nicht. Ich glaube nicht, dass
  sie jemand vermisst hat.
– Glück ist Licht und ne Gabe, die ich habe oder nicht.
– Auch ein Steg ist ein Weg.
– Wer keinen Humor hat, hat auch nichts zu lachen.
– Trübsal ist kein Labsal.

– Ein jeder liebt sich, doch ich liebe mich.
– Es ist nicht leicht, das Passende zu finden, wenn man das
   Passende hat.
– Schau auf die Uhr, und lass sie sein, was sie ist, eine Uhr.
– Wenn alles so ist, wie es ist und alles so bleibt, wie es ist,
   dann hat Gott nichts mehr zu tun auf Erden.
– Haben ist allzu oft Sein plus Gier.
– Vom Haben kann man sich trennen, vom Sein nicht.
– Die meisten Vorhaben, die wir vorhaben, bleiben
   Vorhaben.
– „Bist du glücklich, mein Kind?" „Es ist ein langer Weg."
   „Und: Bist du glücklich?" „Ich bin dabei, es zu werden."

ICH BIN WER NOCH?

– Im Humor zeigt sich die Kraft der Gedanken.
– Humor hat nicht jeder. Mancher vermisst ihn nicht einmal.
– Im Ernst liegt der Humor.
– Wer nicht lacht, riskiert, dass seine Lachmuskeln
  verkümmern.
– Gott schuf den Humor, um das Leben erträglich zu
  machen.
– Wer nicht lacht, hat den Ernst seiner misslichen Lage nicht
  erkannt.
– Es gibt Menschen, die spotten, und es gibt Menschen, die
  lachen. Bei den Vögeln ist das ähnlich.
– Lachen ist weder Zeitverschwendung noch lästiges Übel.

- Lache, und dein Weltbild verändert sich.
- Wer lacht, macht sich nicht lächerlich.
- Wer keinen Humor hat, sollte sich nicht wundern, wenn andere ihn haben.
- Als Babys können wir alle lachen, als Erwachsene nicht mehr.
- Wenn die Freude verkümmert, ist nichts mehr da, was uns aufrecht hält.
- Wenn ein Hund bellt, trägt er keinen Maulkorb.
- Gedanken sind es immer wert, dass man sie niederschreibt.
- Gedanken, die fliegen, kommen manchmal zurück, so wie Vögel.

– Ein Tag ohne Humor ist wie ein Vogel ohne Federn.
– Geltungssucht sucht, um zu gelten.
– Maulwürfe brauchen keine Augen, sie schreiben ja nicht.
– Wer ein Laster hat, dem fehlt es an einer Gabe.
– Im Sinn ist auch Blödsinn enthalten.
– Graue Zonen gibt es nicht nur im Hirn.
– Gedichte sind, was sie sind, weil sie sind, wie sie sind.
– Auch scharfe Zungen werden mal stumpf.

Wer
Blöd (sinn)
noch ?

– Wer neben sich steht, kann nicht über sich hinauswachsen.
– Im Leid steckt die große Kraft der Veränderung.
– Was im Kopf geschieht, im Bauch erblüht.
– Ein Mensch, der ist, der alles kann, der ist bei Gott, der ist gut dran.
– Für Eltern: Es gibt kein Kind, das deshalb ein Kind bleibt, weil es ein Kind war.
– Tischgebet: Lieber Gott, du bist mein Trost alle Zeit, drum sag ich „Prost"!
– Wir haben manchmal viel Geist und wenig Hirn.

- Wo der Geist keinen Platz hat, hat die Seele keinen Raum.
- Kindheitsträume sind geträumt, sobald man ihren Weg beräumt.
- Wer verzeiht, zeigt Größe.
- Wer Rache übt, ist seinen Verletzungen erlegen.
- Köpfe können kopflos sein.
- Ein großer Mensch muss nicht lang sein.
- Sei lieb zu deinen Fehlern, es werden deswegen auch nicht mehr.
- Fehler sind liebenswürdige Macken.

- Wer Fehler bekämpft, sucht den Erfolg.
- Wer ist, wie er ist, ist identisch.
- Menschen würden sich besser verstehen, wenn sie zu ihren Fehlern stünden.
- Dieweil ich hier herumsitze, mache ich bestimmt schon wieder den einen oder anderen Fehler.
- Der sei ohne Fehl und Tadel, der vorgibt, es zu sein.
- Gott hatte gute Gründe, als er die Fehler schuf.
- Der Jahrmarkt des Lebens sind die Fehler und Macken der Menschen.
- Das ist falsch, sagt immer der, der keine Fehler machen will.

ich FÄLER
Feeler bin
Veelär

– Ich bin, spricht sie, und meint: es sei mein Leben lang nie
  fehlerfrei.
– Fehler kleben wie Teer an den Sohlen.
– Wer keine Fehler macht, braucht sie nicht zu korrigieren.
– Mach lieber selbst Fehler, bevor sie ein anderer für dich tut.
– Halt! sprach der Fehler, jetzt bin ich dran.
– Es kostet mehr Kraft, Fehler zu vermeiden, als sie zu tun.
– Fehler sind eines meiner Lieblingsthemen.
– Gäbe es keine Fehler, gäbe es auch keinen Humor.

Isch bin wär Noch

- Grüß Gott! sprach der, der nicht gern Fehler machte.
- Wer seine innere Reißleine zieht, sollte dieser Kraft
  vertrauen.
- Wer begütert ist, muss nicht gütig sein.
- Schreibe, und die Welt bekommt ein schöneres Gesicht.
- Nichtstun ist manchmal schlechter als Faulenzen.
- Wer an Wunder glaubt, braucht die Hölle nicht zu
  fürchten.
- Wer in seinem inneren Garten gräbt, hat es stets mit Erde
  zu tun.
- Wir wissen, dass alles vergänglich ist, aber wir brauchen es
  nicht zu glauben.

- Altersfalten kann man weglachen, Sorgenfalten auch.
- Lieb er's oder hass er's liegt i. S. des Verfassers.
- Wenn die Sonne nicht scheint, muss in den Herzen nicht Schatten sein.
- Familien sind anstrengend, aber nur wenn sie in der Nähe sind.
- Hühneraugen können unmöglich vom Huhn abstammen.
- Jeder Satz, den du sprichst, könnte einen anderen zum Lachen bringen.
- Vermeide das, was du vermeiden willst, und es bleibt nicht mehr viel übrig.

- Abstauber stauben ab, aber nicht den Staub.
- Gutes braucht viel länger zum Reifen als Schlechtes.
- Jeder glaubt, auch wenn er nicht glaubt, dass er glaubt.
- Lach über dich, und du hast genug zu tun.
- Lach über dich, andere geben auch nicht mehr her.
- Gott schuf die Gabe, die ich habe, mir zur Labe.
- Gutes und Gerüche sind aus Gottes Küche.
- Käse hat Löcher. Ich auch.

– Gut dosiert, mitteilsam zu sein, ist eine große Tugend.
– Grüß Gott! sprach der, der gar nicht an ihn glaubte.
– Der Faule sprach: morgen ist auch noch ein Tag.
– Er hat mich satt. Das reimt sich.
– Adrenalin ist die Erfolgsdroge vieler Autofahrer.
– Gutes kimmt. Schlechtes nimmt.
– Wenn wir keine Angst hätten, wären wir schon lange tot.
– Mutmaßliches mutmaßt, mutmaßlich zu sein.

Er hat
wer mich
noch? satt

- Ein Spruch zum Frühstück ist genau so gut wie ein gekochtes Ei.
- Sprüche sind einmalig. Ich auch.
- Tu etwas in einer Gruppe, und du findest Teamgeist.
- Frau ist Frau, und Mann ist Mann. Wer wohl ändert da was dran?
- Ein Kind mit viel Fantasie braucht keine Astrologie.
- Wünsch dir Machbares und tu Mögliches.
- Wer liest, verblödet nicht, wer schreibt, auch nicht.
- Es gibt Menschen, die sind einfach anders. Man sollte sie so lassen.

– Gier ist der Abgrund zur Hölle.
– Sprüche sind warme Suppe in kalter Zeit.
– Man kann alles missbrauchen, sogar sich selbst.
– Wer Angst vor der Ruhe hat, hat Angst vor dem Leben.
– Es sind die kleinen Dinge, die die großen ausmachen.
– Auch wenn's manchmal nicht höher geht, tiefer geht's
 allemal.
– Ein Schöpfer kann auch eine Kelle sein.
– Bei manchen ist der Geist, den sie haben, ein Flaschengeist.
– Hätte der Kopf keine Ohren, wüsste der Hut nicht, wohin.
– Hass es oder lieb es, und dann übergib es.

www.ingramcontent.com/pod-product-compliance
Lightning Source LLC
LaVergne TN
LVHW011413080426
835511LV00005B/525